BEI GRIN MACHT SICH IHR
WISSEN BEZAHLT

- Wir veröffentlichen Ihre Hausarbeit,
  Bachelor- und Masterarbeit

- Ihr eigenes eBook und Buch -
  weltweit in allen wichtigen Shops

- Verdienen Sie an jedem Verkauf

Jetzt bei www.GRIN.com hochladen
und kostenlos publizieren

Anonym

Analyse und Bewertung des Nahverkehrsplans der Stadt Chemnitz

GRIN Verlag

Bibliografische Information der Deutschen Nationalbibliothek:

Die Deutsche Bibliothek verzeichnet diese Publikation in der Deutschen National-
bibliografie; detaillierte bibliografische Daten sind im Internet über http://dnb.d-
nb.de/ abrufbar.

Impressum:

Copyright © 2007 GRIN Verlag GmbH
Druck und Bindung: Books on Demand GmbH, Norderstedt Germany
ISBN: 978-3-638-94505-9

Dieses Buch bei GRIN:

http://www.grin.com/de/e-book/90760/analyse-und-bewertung-des-nahverkehrs-
plans-der-stadt-chemnitz

GRIN - Your knowledge has value

Der GRIN Verlag publiziert seit 1998 wissenschaftliche Arbeiten von Studenten, Hochschullehrern und anderen Akademikern als eBook und gedrucktes Buch. Die Verlagswebsite www.grin.com ist die ideale Plattform zur Veröffentlichung von Hausarbeiten, Abschlussarbeiten, wissenschaftlichen Aufsätzen, Dissertationen und Fachbüchern.

Besuchen Sie uns im Internet:

http://www.grin.com/

http://www.facebook.com/grincom

http://www.twitter.com/grin_com

Hochschule Heilbronn
Technik • Wirtschaft • Informatik
Heilbronn University

Fakultät für Wirtschaft 1

Studiengang Verkehrsbetriebswirtschaft und Logistik

Nahverkehrs- und Raumplanung

Wintersemester 2007/2008

Analyse und Bewertung des Nahverkehrsplans der Stadt Chemnitz

Inhaltsverzeichnis

Abkürzungsverzeichnis III

1 Einleitung 1

2 Nahverkehrsplan 2

   2.1 Rechtliche Aspekte 2

   2.2 Wichtige Grundlagen 3

3 Richtlinien zur Erstellung von Nahverkehrsplänen in Sachsen 5

   3.1 Verordnung des Sächsischen Staatsministeriums 5

   3.2 ÖPNVG im Freistaat Sachsen 6

4 Vorbemerkungen zum Nahverkehrsplan der Stadt Chemnitz 7

   4.1 Die Stadt Chemnitz 7

   4.2 Organisationsstruktur 7

5 Analyse des Nahverkehrsplans der Stadt Chemnitz 8

   5.1 Bestandsaufnahme 8

   5.2 Bewertung der Bestandsaufnahme 9

   5.3 Verkehrsprognose ÖPNV 10

   5.4 Gestaltung des ÖPNV 11

   5.5 Vernetzung einzelner Verkehrsträger 12

   5.6 Verkehrsinfrastruktur 13

   5.7 Finanzierung des ÖPNV 14

   5.8 Überblick der Bewertung in tabellarischer Form 15

6 Fazit 16

Literaturverzeichnis IV

Abkürzungsverzeichnis

CVAG	Chemnitzer Verkehrsaktiengesellschaft
MIV	motorisierter Individualverkehr
ÖPNV	Öffentlicher Personennahverkehr
ÖPNVG	Öffentliche Personennahverkehrsgesetz
PBefG	Personenbeförderungsgesetz
SPNV	Schienenpersonennahverkehr
VDV	Verband Deutscher Verkehrsunternehmen

1 Einleitung

Die Ursache für die Einführung des Nahverkehrsplans ist das Regionalisierungsgesetz, welches am 27. Dezember 1993 innerhalb der Gesetze zur Neuordnung des Eisenbahnwesens erlassen wurde. Das „Gesetz zur Regionalisierung des Personennahverkehrs" trat am 1. Januar 1996 durch Artikel vier des Eisenbahnneuordnungsgesetzes in Kraft. Vordergründig dient diese Verordnung zur Sicherstellung einer ausreichenden Bedienung der Bevölkerung mit Verkehrsleistungen im ÖPNV und versteht sich als Aufgabe der Daseinsvorsorge.[1] Des Weiteren wird der ÖPNV definiert. Das heißt, dass die Mehrheit der zu befördernden Personen eine Reiseweite von 50km oder eine Reisezeit von einer Stunde nicht überschreiten dürfen. Außerdem regelt das Gesetz die Finanzierung des ÖPNV und dessen Überprüfung. Die ersten Generationen der Nahverkehrspläne mussten bis Ende 1998 erstellt werden.

Am Anfang der Arbeit werden die rechtlichen Grundlagen zum Nahverkehrsplan dargestellt und die wichtigsten Grundkenntnisse vermittelt. In dieser Ausarbeitung steht die Analyse des Nahverkehrsplans der Stadt Chemnitz im Mittelpunkt, daher müssen vorerst die Richtlinien vom Freistaat Sachsen erläutert werden. Durch die Betrachtung der Stadt Chemnitz und der Organisationsstruktur des Nahverkehrsplans, wird die Voraussetzung für die folgende Analyse und Bewertung des Nahverkehrsplans geschaffen. Am Ende folgt eine kurze Zusammenfassung. Diese Arbeit wurde in dieser Form untergliedert, um sich anfangs mit der Thematik vertraut zu machen und das Grundlagenwissen zu sichern, welches dann im Hauptteil zum besseren Verständnis erforderlich ist.

Die Zielstellung dieser Arbeit besteht darin, über allgemeine Grundkenntnisse des NVP zu informieren und einen Überblick über die Qualität des Nahverkehrsplans der Stadt Chemnitz zu vermitteln.

---

[1] Vgl. Girnau (Hrsg.) (1995), S. 1.

2 Nahverkehrsplan

2.1 Rechtliche Aspekte

Aufgrund der Verabschiedung des Regionalisierungsgesetzes wurde auch das PBefG im Jahr 1993 überarbeitet, in welchem Gesetz sich der Nahverkehrsplan daraufhin erstmals integrierte. Die rechtlichen Voraussetzungen für den Nahverkehrsplan sind in zwei Paragraphen des PBefG verankert:

PBefG § 8 Abs. 3

[§ 8 Förderung der Verkehrsbedienung und Ausgleich der
    Verkehrsinteressen im öffentlichen Verkehr]

(3) Die Genehmigungsbehörde hat (...) zu sorgen. Sie hat dabei einen vom Aufgabenträger beschlossenen Nahverkehrsplan zu berücksichtigen, der vorhandene Verkehrsstrukturen beachtet, unter Mitwirkung der vorhandenen Unternehmer zustande gekommen ist und nicht zur Ungleichbehandlung von Unternehmern führt. (...)

Die Fortschreibung des Paragraphen würde an dieser Stelle den Rahmen sprengen. Inhaltlich führt dieser Paragraph noch folgende wichtige Kriterien auf, die bei der Erstellung des Nahverkehrsplans zu berücksichtigen sind:

- Belange behinderter und anderer Menschen mit Mobilitätseinschränkung
- Nahverkehrsplan ist Rahmen für die Entwicklung des ÖPNV
- Aufstellung sowie Bestimmung des Aufgabenträgers regeln die Länder
- unter bestimmten Umständen gilt das Gesetz gegen Wettbewerbsbeschränkungen nicht für die Vereinigung von Verkehrsunternehmen
- diese müssen bei der Genehmigungsbehörde angemeldet werden[2]

PBefG § 13 Abs. 2a

[§ 13 Voraussetzung der Genehmigung]

(2a) „Die Genehmigung ist zu versagen, wenn für die Umsetzung der Verkehrsleistung im Sinne von § 8 Abs. 3 Sätze 2 und 3 nicht diejenige Lösung

---

[2] Vgl. PbefG § 8 Absatz 3.

gewählt worden ist, die die geringsten Kosten für die Allgemeinheit mit sich bringt, oder bei der Auferlegung oder Vereinbarung der Grundsatz der Gleichbehandlung verletzt worden ist."[3]

Des Weiteren sind die Inhalte des Nahverkehrsplans je nach Bundesland unterschiedlich und werden in den Länder-ÖPNV-Gesetzen definiert. Im Abschnitt 3.2 wird das ÖPNV-Gesetz des Freistaat Sachsens kurz erläutert.

2.2 Wichtige Grundlagen

Die Bundesländer sind für die Planung und Ausgestaltung des ÖPNV zuständig. Das Land wird dabei als Aufgabenträger bezeichnet, welcher den Auftrag hat, ein ausreichendes Angebot an Bahn- und Busverkehr zu gewährleisten.

Im gesetzlich vorgeschriebenen Nahverkehrsplan beschreibt der Aufgabenträger das Niveau, welches das „ausreichende Angebot" haben soll. Der Nahverkehrsplan setzt damit für den ganzen Nahverkehrsraum Qualitätsstandards und Umfang der Leistungen des ÖPNV fest.

Der Nahverkehrsplan soll die Grundlage für die Entwicklung des ÖPNV bilden. Die Erstellung wird für alle Kreise, kreisfreien Städte und Städte in den jeweiligen Bundesländern zur Pflicht gemacht. Für die Ausgestaltung des Nahverkehrsplans ist der Aufgabenträger verantwortlich, wobei dieser meist die Verkehrsunternehmen mit der Erarbeitung beauftragt. Die Motivation der Aufgabenträger für diese Entscheidung liegt darin, dass die Verkehrsunternehmen die fachliche Kompetenz besitzen und die sachlichen und personellen Mittel dort zur Verfügung stehen. Um stets auf einen aktuellen Nahverkehrsplan zurück greifen zu können, soll dieser aller fünf Jahre überprüft und fortgeschrieben werden.[4]

Grundsätzlich fungiert der Nahverkehrsplan als Planungsinstrument und zur Ordnung der Nahverkehrsbeziehungen. Er sollte sich an der ÖPNV-Nachfrage ausrichten und Aussagen zur Sicherung und Verbesserung des ÖPNV beinhalten.[5] Weiterhin kann gesagt werden, dass der Nahverkehrsplan Grundsätze zur Verkehrsgestaltung, Zukunftsaussichten und eine Bewertung aufzeigen soll. Die

---

[3] PbefG § 8 Absatz 3

[4] Vgl. Girnau (Hrsg.) (1995), S. 5.

[5] Vgl. Girnau (Hrsg.) (1994), S. 71.

Inhalte des Nahverkehrsplans sind außerdem je nach Länder-ÖPNV-Gesetzen differenziert festgelegt.
In der folgenden Abbildung werden die Inhalte nach Ansicht des VDV aufgezeigt.

Abbildung 1: Inhalt des Nahverkehrsplanes nach Ansicht des VDV

1. ÖPNV-Bestandsaufnahme
   → Infrastrukturen
   → Verkehrsträger
   → Art der Bedienung
   → Verknüpfungen

2. Bewertung der Bestandsaufnahme
   (Auslastung, Parallelbedienungen)

3. Verkehrsprognosen für ÖPNV + MIV

4. Zukünftige Veränderungen/Ergänzungen =
   Konsequenzen aus Bewertung und Prognose
   z.B. neue Linien
        Einstellung von Linien
        Bus statt Schiene
        Angebotsausweitung
        Angebotseinschränkung
        neue Verknüpfungen

5. Finanzierung

Quelle: in Anlehnung an Schriftenreihe der Deutschen Verkehrswissenschaftlichen
         Gesellschaft e.V. (1995), S. 16.

Einige Länder erweitern den Inhalt jedoch um weitere Kriterien, wie zum Beispiel Bedienstandards, tarifliche Vorgaben, betriebliche Sicherheit und Steuerungssystem, um hier nur einige zu nennen.

Bei der Erstellung des Nahverkehrsplans müssen zwingend weitere Beteiligte, wie die Gemeinden des Aufgabenträgers, betroffene andere Aufgabenträger, die örtlich zuständigen Träger der Regionalplanung, die Straßenbaulastträger und die vorhandenen Verkehrsunternehmen mit einbezogen werden. Manche Länder erweitern hier die Integration der Beteiligten zum Beispiel um Fachgewerkschaften, Industrie- und Handelskammern und Verkehrs- und Umweltverbände. Die Einbeziehung dieser Beteiligten ist jedoch nicht gesetzlich festgeschrieben, da sich dies verfahrenshemmend auswirken könnte.

3 Richtlinien zur Erstellung von Nahverkehrsplänen in Sachsen

3.1 Verordnung des Sächsischen Staatsministeriums

Für die Aufstellung von Nahverkehrsplänen für den ÖPNV wurde am 15. Oktober 1997 die Verordnung des Sächsischen Staatsministeriums für Wirtschaft und Arbeit erlassen. Diese Verordnung untergliedert sich in 5 Paragraphen, welche nachfolgend kurz erläutert werden.[6]

§ 1 Nahverkehrspläne

Dieser Paragraph sagt aus, dass ein, auf die benachbarten Nahverkehrsräume abgestimmter, verbindlicher Nahverkehrsplan zu erstellen, zu beschließen und fortzuschreiben ist und die Entscheidungen des Aufgabenträgers zu beachten sind. Weiterhin ist § 8 Abs. 3 Satz 2 des PBefG zu berücksichtigen und der ÖPNV ist kostengünstig und effizient durchzuführen.

§ 2 Räumliche Abgrenzung der Nahverkehrspläne

Das Bundesland Sachsen ist in fünf Nahverkehrsräume aufgeteilt:

1. Nahverkehrsraum Vogtland
2. Nahverkehrsraum Chemnitz/Zwickau
3. Nahverkehrsraum Leipzig
4. Nahverkehrsraum Oberelbe
5. Nahverkehrsraum Oberlausitz/Niederschlesien

§ 3 Inhalt von Nahverkehrsplänen

Der Nahverkehrsplan ist auf der Grundlage folgender Systematik aufzubauen:

1. Bestandsaufnahme
2. Bewertung der Bestandsaufnahme
3. Verkehrsprognose ÖPNV

---

[6] Vgl. Verordnung des Sächsischen Staatsministeriums für Wirtschaft und Arbeit über die Aufstellung von Nahverkehrsplänen im ÖPNV (1997)

4. Gestaltung des ÖPNV

5. Vernetzung der einzelnen Verkehrsträger

6. Verkehrsinfrastruktur

7. Finanzierung des ÖPNV

§ 4 Aufstellung von Nahverkehrsplänen

Hier werden die zu beteiligenden Akteure genannt. Der Nahverkehrsplan ist des Weiteren nach der Beschlussfassung den zuständigen Rechtsaufsichtsbehörden vorzulegen und durch öffentliche Auslegung bekanntzumachen. Außerdem muss der Nahverkehrsplan aller fünf Jahre fortgeschrieben werden.

§ 5 Inkrafttreten

Diese Verordnung tritt am Tage nach ihrer Verkündung in Kraft.

3.2 ÖPNVG im Freistaat Sachsen

Im Regionalisierungsgesetz ist festgelegt, dass der ÖPNV von den Ländern definiert werden muss. Aus diesem Grund, verabschiedeten die Bundesländer ÖPNV-Gesetze. Den rechtlichen Rahmen für den Nahverkehrsplan im Land Sachsen bildet das ÖPNVG des Freistaats Sachsen, welches am 14. Dezember 1995 vom Landtag beschlossen wurde.

In § 5 ÖPNVG sind die Bestimmungen des Nahverkehrsplans verankert. Die wichtigsten Regelungen sind dabei, dass die Aufgabenträger einen verbindlichen Nahverkehrsplan aufzustellen, zu beschließen und fortzuschreiben haben. Der Nahverkehrsplan bildet ebenfalls den Rahmen für die Entwicklung des öffentlichen Personennahverkehrs und hat folgende Kriterien zu beinhalten:

1. Bestandsaufnahme

2. Bewertung der Bestandsaufnahme

3. Verkehrsprognose

4. Ziele und Rahmenvorgabe für die Gestaltung des ÖPNV

5. Aussagen zur Vernetzung des SPNV und des ÖPNV

6. Anforderungen an die Verkehrsinfrastruktur und geplante Investitionen

7. Finanzierung des ÖPNV[7]

---

[7] Vgl. ÖPNVG des Freistaats Sachsen

4 Vorbemerkungen zum Nahverkehrsplan der Stadt Chemnitz

4.1 Die Stadt Chemnitz

Die Stadt Chemnitz liegt im Westen des Freistaats Sachsen. Sie ist mit ihren etwa 240.000 Einwohnern die drittgrößte Stadt Sachsens.

Die Einwohnerzahlen sind seit der Wendezeit stark rückläufig. Seit 2006 verzeichnet die viertgrößte Stadt Ostdeutschlands jedoch mehr Zuzüge als Wegzüge. Andererseits weißt Chemnitz eine starke Überalterung der Bevölkerung und einen negativen Geburtensaldo auf. Daraus resultiert eine Bevölkerungsprognose von etwa 228.000 Einwohnern für das Jahr 2020. Chemnitz gewann in den letzten Jahren durch die Investitionen in den Ausbau der Innenstadt und der Verkehrsinfrastruktur immer mehr an Attraktivität.[8] Aus wirtschaftlicher Sicht ist Chemnitz einer der führenden Industrie- und Technologiestandorte Deutschlands. In den letzten Jahren etablierten sich hier namhafte Unternehmen wie Siemens und Volkswagen. Aufgrund der mitteleuropäischen Lage stellt Chemnitz eine wichtige Verbindung für die Wirtschafts- und Handelsbeziehungen zu Osteuropa dar.

4.2 Organisationsstruktur

Der Nahverkehrsplan der Stadt Chemnitz wurde im Jahr 2005 für den Zeitraum von 2006 bis zum 2010 fortgeschrieben und ist somit die zweite Fassung. Für die Erstellung des Nahverkehrsplans war die Stadt Chemnitz unter der Mitarbeit der BPV Consult GmbH zuständig. Die Orientierung erfolgte an der Verordnung des Sächsischen Staatsministeriums für Wirtschaft und Arbeit und am ÖPNVG des Freistaats Sachsen. Der Nahverkehrsplan untergliedert sich in folgende Sachverhalte:

1. Allgemeine Rahmenbedingungen
2. Übergeordnete Planung
3. Bestandsaufnahme
4. Zielvorgaben und Entwicklungstendenzen
5. Rahmenkonzept/Netzkonzeption

---

[8] Vgl. Stadt Chemnitz / BPV Consult GmbH (2005), S. 32.

6. Festsetzung zum ÖPNV-Angebot/Mengenkonzept

7. Maßnahmenprogramm

8. Finanzierung

9. Fazit und Ausblick

Der Nahverkehrsplan umfasst alle grundsätzlichen Festlegungen zum ÖPNV-Angebot in Chemnitz bzgl. Liniennetz, Fahrplangestaltung, Verknüpfungspunkte und Angebotsqualität. Bei der Erstellung des Nahverkehrsplans wurde auf das Verkehrsentwicklungskonzept der Stadt Chemnitz, die Planung der Stadtbahn, das „Chemnitzer Modell" (analog zum „Karlsruher Modell": Straßenbahnen nutzen Eisenbahngleise) und auf den Regionalplan Chemnitz-Erzgebirge Bezug genommen. Berücksichtigt wurden weiterhin die ausgeprägten Pendlerbeziehungen mit starken Verkehrsströmen zwischen der Stadt und dem Umland. Der Nahverkehrsplan legt die Grundlage für die Gewährung investiver Förderungen und die Wiedererteilung von Genehmigungen nach § 13 PBefG für eigenwirtschaftliche Linienleistungen im straßengebundenen ÖPNV.[9]

5 Analyse des Nahverkehrsplans der Stadt Chemnitz

5.1 Bestandsaufnahme

Bei der Bestandsaufnahme finden folgende Faktoren Berücksichtigung:
- Raumstrukturanalyse
- Analyse des ÖPNV-Angebots
- Verkehrsnachfrage
- Eckwerte der Verkehrsnachfrage
- Zusammengefasste Ergebnisse der Analyse und Handlungsbedarf
Die Raumstrukturanalyse beinhaltet auch die Bevölkerungsstruktur, welche ausführlich ausgearbeitet wird. In der Analyse des ÖPNV-Angebots werden die Entwicklung des ÖPNV seit 1998, die agierenden Verkehrsunternehmen, das ÖPNV-Angebot, die Infrastruktur und Fahrzeuge und die Tarifentwicklung betrachtet. Hierbei wird das Angebot des ÖPNV nach Stadtbahn und Stadtbus untersucht. Die Beförderungsströme werden nach Radial- und Durchmesserlinien, Tangentiallinien

---

[9] Vgl. Stadt Chemnitz / BPV Consult GmbH (2005), S. 5.

und Zubringerlinien untergliedert gemessen. Außerdem wird Auskunft über die Netzbelastungen verschafft. Die grafische Darstellung der Tarifentwicklung gibt eine aussagekräftige Übersicht über die preislichen Veränderungen von 1997 bis 2006 und beinhaltet alle vorhanden Ticketvarianten. Die Infrastruktursituation wird sehr detailliert beschrieben, wobei hier die realisierten Projekte von 1997/1998 wichtige Bestandpunkte sind. Weiterhin geben zwei Tabellen über die Anzahl und Modelle an Stadtbahnen, Gelenkbussen, Standardlinienbussen und sonstigen Bussen einen zufriedenstellenden Überblick. Keine Beachtung fanden allerdings die Kriterien „Information und Service" und „Organisation" der Sächsischen Verordnung für die Aufstellung von Nahverkehrsplänen. Wobei die Bestandsaufnahme des Aspekts „Information und Service" aufgrund sinkender bzw. stagnierender Fahrgastzahlen von besonderer Bedeutung wäre. Dieser Punkt müsste eigentlich bei der Entscheidung über Maßnahmen wieder aufgegriffen und weiterentwickelt werden, um eine ausgezeichnete Auslastung der Fahrzeuge zu gewährleisten.

5.2 Bewertung der Bestandsaufnahme

Der Chemnitzer NVP stellt die Bewertung der Bestandsaufnahme anfangs in einem kurzen Text dar. Hier werden die Vor- und Nachteile einiger Kriterien aufgezeigt. Einen besonderen Stellenwert erheben dabei die Investitionen in die Verkehrsinfrastruktur, da sich dadurch das Verkehrsangebot von Stadtbahn und Chemnitzer Modell besonders positiv entwickelte. Nebenbei wurde die Fahrzeugflotte stark modernisiert. Negativ beurteilt wird die Ausweitung des Stadtbusnetzes, da sich dadurch nicht die angestrebte Nachfragewirkung entfaltete. Außerdem führte die Verringerung des Angebotsvolumens im Stadtverkehr nicht zu einer Anpassung an den Bedarf, sondern zu einer Verdrängung der Nachfrage.[10] Findet dabei der gegenwärtige Rückgang der Fahrgastzahlen Beachtung, war dies keine strategisch wertvolle Entscheidung, da so weitere ÖPNV-Nutzer verloren wurden.

Weiterhin wird die Bewertung in Form einer detaillierten Stärken- und Schwächen Analyse bearbeitet. Dabei beachtet der NVP folgende Kriterien des Verkehrsangebots:

-   Entwicklung Linien und Streckennetz – Stadtbahn
-   Entwicklung Linien und Streckennetz – Stadtbus

---

[10] Vgl. Stadt Chemnitz / BPV Consult GmbH (2005), S. 28.

- Entwicklung des Haltestellennetzes
- Erschließungsqualität
- Entwicklung des Fahrtenangebotes seit 1997/1998
- Betriebszeiten und Takte
- Infrastruktur - Umsetzung wichtiger Vorhaben
- Fahrzeuge
- Tarifentwicklung

und der Verkehrsnachfrage:

- Fahrgastzahlen – Stadtverkehr (Jahresnachfrage)
- ÖPNV im Modal Split sowie Verkehrsaufkommen
- Verkehrsnachfrage – Netzbelastungen und Haltestellen
- Verkehrsnachfrage – Verkehrsmittel
- Verkehrsnachfrage – linienbezogen[11]

Das Instrument der Stärken- und Schwächen Analyse verschafft dem Leser einen einwandfreien Gesamtüberblick über die zu bewertenden Kriterien und findet an dieser Stelle einen überaus vorteilhaften Einsatz.

Die Bewertung der Bestandsaufnahme berücksichtigt alle Kriterien, die in § 3 der Verordnung des Sächsischen Staatsministeriums für Wirtschaft und Arbeit für Nahverkehrspläne enthalten sind. Jedoch wird der Bereich „Informationen und Service" schon in der Bestandsaufnahme nicht beachtet, daher fehlt auch die Beurteilung.

5.3 Verkehrsprognose ÖPNV

Die Bereiche Raum- und Bevölkerungsstruktur und die Entwicklung der Verkehrsnachfrage wurden detailliert ausgearbeitet.

Die Strukturprognose orientiert sich an der zwischen 1998 und 2004 erfolgten Entwicklung. In diesem Zeitabschnitt verringerte sich die Bevölkerung von 268.266 auf 248.365 Einwohner. So kann gesagt werden, dass es innerhalb von 7 Jahren einen Bevölkerungsrückgang von 23 000 Einwohnern und eine Abnahme der Schülerzahlen um 12.000 gab. Jedoch erhöhte sich die Menge an Studenten um 4.800. Ähnlich den Pendlerzahlen sind auch die Zahlen der Erwerbstätigen konstant

---

[11] Vgl. Stadt Chemnitz / BPV Consult GmbH (2005), S. 29 – 30.

geblieben.[12] In diesem Bereich fehlt jedoch die Darstellung, in welchen Stadtgebieten die Tendenz zum Zuzug bzw. Wegzug dominiert. Daher ist ebenso nicht ersichtlich, welche Stadtteile fokussiert und gesondert behandelt werden sollten.

Von 1997 bis 2002 nahmen die Fahrgäste um 8,4 Mio. ab. Im Zeitraum von 2002 bis 2005 stagnierten die Fahrgastzahlen auf einem Niveau von 42 Mio. pro Jahr. Für das Jahr 2005 verteilten sich 169 ÖPNV-Fahrten auf einen Erwachsenen. Im Jahr 2010 kann mit 41 Mio. Fahrgästen gerechnet werden. Als Zielstellung gilt es 40 Mio. Fahrgäste in der Laufzeit des aktuellen Nahverkehrsplans nicht zu unterschreiten.[13]

5.4 Gestaltung des ÖPNV

Am Anfang werden die Anforderungen an die Nahverkehrsplanung und die Ziele definiert. Wesentliche Zielvorgaben sind dabei:

- die Einführung des neuen, optimierten Stadtbusnetzes
- Weiterentwicklung des Chemnitzer Modells
- Sicherung des Gesamtleistungsvermögens
- Stabilisierung der Fahrgastzahlen
- Abbau von Parallelverkehren und Überangeboten

Die Maßnahmen zur Erhöhung der Auslastungsquoten werden nur annähernd erwähnt. Vielmehr wird die Verkehrsprognose für das Jahr 2010 dargestellt und die daraus zu erwartenden Fahrgäste in Szenarien ermittelt. Jedoch gibt dies keinen Aufschluss darüber, wie höhere Auslastungsquoten erzielt werden können.

Die Entwicklung des Strecken-/Liniennetzes der Stadt Chemnitz findet eine sehr detaillierte Betrachtung. Anfangs werden der Ausbau des Liniennetzes mittelfristig und langfristig und die Entwicklungsziele festgelegt. Das Netz unterteilt sich außerdem in ein Hauptnetz und ein peripheres Netz, welche unabhängig voneinander analysiert werden. Außerdem gibt der Nahverkehrsplan zusätzlich Informationen über den Schwachlast- und Sonderverkehr, was vor allem den Schülerverkehr, den Ausbau des Nachtnetzes, sowie Sonder- oder Reisebusverkehr beinhaltet. Ergänzend dazu findet eine Differenzierung des Liniennetzes nach der Stadtbahn und nach dem Stadtbus statt. Hier werden die Taktzeiten der einzelnen Linien werktags, samstags und sonn-/feiertags festgelegt.

---

[12] Vgl. Stadt Chemnitz / BPV Consult GmbH (2005), S. 32.

[13] Vgl. Stadt Chemnitz / BPV Consult GmbH (2005), S. 34.

Die Ausgestaltung des Tarifmodells wird an dieser Stelle nicht einbezogen. Allerdings gibt es einen Maßnahmenkatalog, der die Handlungen zur Sicherung hoher Qualitätsstandards beinhaltet. Nachfolgend werden einige Maßnamen erwähnt:

- Liniennummerierung gibt Auskunft über die Produktgruppenzugehörigkeit
- Einsatz adäquater Fahrzeuggrößen je nach Produktgruppe
- Barrierefreiheit durch Niederflurfahrzeuge und Informationsangebote
- Kundengewinnungs- und Kundenbindungsmanagement
- Beschwerdemanagement
- Integriertes Kommunikationskonzept

Auf Aussagen zu bestimmten Fahrgastgruppen wird weitestgehend verzichtet. Lediglich die Beförderung von Schülern findet kurz Beachtung, da aufgrund der Verringerung der Schülerzahlen es hier zukünftig eine gravierende Umstrukturierung geben muss.

Die Entwicklung des Strecken- und Liniennetzes wird sehr präzise herausgearbeitet. Dessen ungeachtet führt dies teilweise zur Vernachlässigung anderer wichtiger Kriterien der Richtlinien zur Ausgestaltung des Nahverkehrsplans.

5.5 Vernetzung einzelner Verkehrsträger

Auf die Integration der Vernetzung einzelner Verkehrsträger wird im Nahverkehrsplan wenig eingegangen. Es werden hauptsächlich nur geplante Vernetzungspunkte genannt, jedoch nicht die Bedeutung der einzelnen Verkehrsträger bewertet. Eine Stadtbahnendhaltestelle wird zur modernen Verknüpfungsstelle zwischen Stadtbahnnetz mit dem ÖPNV der Stadt Chemnitz und dem Regionalverkehr ausgebaut. Weiterhin befindet sich eine Verbindung des Stadtbahnnetzes mit dem Netz der DB AG im Hauptbahnhof in der Realisierung.[14] Besonders die Vernetzung des ÖPNV/SPNV mit dem Individualverkehr wird außer Acht gelassen. An dieser Stelle müsste jedoch ein besonders hoher Stellenwert zugeordnet werden, da nach Chemnitz ausgeprägte Pendlerbeziehungen aus den Landkreisen Mittweida, Stollberg, Chemnitzer Land und Freiberg bestehen. Für die Verkehrsverlagerung vom Individualverkehr auf den ÖPNV/SPNV im Stadtbereich, wäre ein barrierefreier Übergang von ausgeprägter Wichtigkeit.

---

[14] Vgl. Stadt Chemnitz / BPV Consult GmbH (2005), S. 45.

5.6 Verkehrsinfrastruktur

Die Verkehrsinfrastruktur wird ausreichend dargestellt. Seit 1998 sind das Strecken- und Liniennetz stark angewachsen. Die Anzahl der Haltestellen beläuft sich auf etwa 500 Stück, wobei ein Zuwachs von ca. 30% zu verzeichnen ist. Allerdings existieren im Stadtbahnnetz nur etwa 60 Stadtbahn-Haltestellen, wobei auch hier eine Steigerung von 20% zu verzeichnen ist. Im Jahr 2007 soll eine Verknüpfungsstelle zwischen dem Stadtbahnnetz der CVAG und dem Netz der DB AG im Hauptbahnhof Chemnitz geschaffen werden. Außerdem ist eine neue Wendeschleife für das „Chemnitzer Modell" geplant. Ein wichtiges Projekt ist folgend die Grunderneuerung der gesamten Gleisanlage. Des Weiteren steht der behindertengerechte Ausbau einiger Haltestellen und die Erneuerung zweier Betriebshöfe an. Zur Leitung und Steuerung der betrieblichen Abläufe werden unter anderem die Erweiterung der Fahrgastinformationen, die Umrüstung des Funksystems und die Weichen- und Betriebshoffernsteuerung vorgenommen. Gleichermaßen soll im Jahr 2009 der Ersatz von stationären Fahrscheinverkaufsautomaten erfolgen. [15]

Der Bestand an Stadtbahnwagen umfasst 54 Triebwagen und elf Beiwagen. Hier ist eine Reduzierung von mehr als 50% gegenüber dem Jahr 1998 festzustellen. Die Anschaffung moderner Variobahnen mit Klimaanlage und Niederflureinstieg soll den Komfort der ÖPNV-Nutzer steigern. Des Weiteren betreibt die CVAG gegenwärtig insgesamt 100 Stadtbusse, wobei hier ein Verlust von etwa 40% gegenüber dem Jahr 1998 vorhanden ist. Von den insgesamt 100 Bussen, sind 58 Gelenkbusse, 40 Standardlinienbusse und zwei Kleinbusse. Knapp 25% der Standardlinienbusse und 50% der Gelenkbusse sind klimatisiert. 5% der Gelenkbusse werden mit Erdgas angetrieben. Von 2006 bis 2010 ist keine Erweiterung des Stadtbahnfuhrparks, aber Ersatzinvestitionen in behindertengerechte Niederfluromnibusse geplant. [16]

Wie anhand der Menge an geplanten Infrastrukturmaßnahmen erkennbar ist, hat die Stadt Chemnitz hier erhöhten Nachholbedarf. Das Kapitel Verkehrsinfrastruktur behandelt alle Kriterien der Richtlinien zur Erstellung von Nahverkehrplänen in Sachsen sehr ausführlich. Jedoch wird auch hier der Aspekt der Barrierefreiheit im ÖPNV zu stark außer Sichtweite gelassen.

---

[15] Vgl. Stadt Chemnitz / BPV Consult GmbH (2005), S. 11 – 46.

[16] Vgl. Stadt Chemnitz / BPV Consult GmbH (2005), S. 11 – 46.

5.7 Finanzierung des ÖPNV

Die Finanzierung scheint in dem Nahverkehrsplan der Stadt Chemnitz nur eine untergeordnete Rolle zu spielen, da diese Thematik nahezu dürftig behandelt wird. Die Finanzierung der Investitionskosten erfolgt durch Ausgleichszahlungen zur Sicherung der Fahrwegvorhaltung, Fahrweginstandhaltung, der Betriebshöfe und die Abstellanlagen

und die Verwaltung und das Management. Neben den tatsächlich ausgleichsfähigen Aufwendungen werden die kalkulatorischen Kapitalkosten auch ausgeglichen und ein marktüblicher Gewinnzuschlag gewährt. Dies geschieht jedoch nicht, wie in der Verordnung des Staatsministeriums für Wirtschaft und Arbeit gefordert, unter Beachtung von Fördermöglichkeiten und Folgekosten.

Der finanzielle Ausgleich für die Betriebskosten wird nur in Höhe der Aufwendungen, die einem „durchschnittlich, gut geführtem Unternehmen" entstehen, gezahlt. Das Kriterium der Festlegung der voraussichtlichen Finanzierungsbeteiligungen der kommunalen Aufgabenträger gemäß § 3 Abs. 1 ÖPNVG bekam keine Betrachtung. [17]

Die Finanzierung des ÖPNV wurde nur ansatzweise dargestellt und weist eindeutige Lücken auf. Fraglich ist so zum Beispiel die Höhe von Ausgleichszahlungen aufgrund entgangener Fahrgeldeinnahmen (Schülerbeförderung und unentgeltliche Beförderung Schwerbehinderter).

---

[17] Vgl. Stadt Chemnitz / BPV Consult GmbH (2005), S. 47.

5.8 Überblick der Bewertung in tabellarischer Form

Abbildung 2: Bewertung anhand selektierter Kriterien

Bewertung des Nahverkehrsplans der Stadt Chemnitz	
Kriterien	**Bewertung**
Einführung	
Gesetzesgrundlagen	+
Nahverkehrsgesetz des Landes Sachsen	o
Lokaler NVP	o
Anforderungsprofil	
Zielvorgaben der Raumordnung und der Fachplanung	o
Bestandsaufnahme	
Raumstruktur und Nachfragepotentiale	+
Vekehrsangebot	+
Vekehrsangebot im SPNV	-
Verkehrsangebot im Regionalen Busverkehr	+
Wichtige Haltestellen und Verknüpfungspunkte	+
Verkehrsnachfrage	+
Verkehrsnachfrage im SPNV	-
Verkehrsnachfrage im regionalen Busverkehr	+
Bestandbewertung	
Erschließungsqualität	+
Verbindungsqualität	+
Bedienungsqualität	+
Bewertung der Vernetzung der Verkehrssysteme	o
Bewertung der Haltestellen und Verknüpfungspunkte	+
Mängel aus Sicht der Gemeinden	o
Linienbezogene Mängel	+
Wirtschaftlichkeit	+
Methodik der Angebotskonzeption	
Ziele und Grundlagen	+
Erarbeitung der Angebotskonzeption	
Übernahme der SPNV-Angebotsvorgaben	+
Angebotskonzeption regionaler Busverkehr	
Busverkehr, Grundnetz erster und zweiter Ordnung	+
Verknüpfungsmaßnahmen	+
Investive Maßnahmen	+
Bewertung der Angebotskonzeption	
Abschätzung der zuk. Nachfrage im ÖPNV-Netz	+
Stufenplan zur Realisierung	+
Zunkunftsperspektiven	+
+ (Kriterium vohanden)	
- (Kriterium unzureichend vorhanden)	
O (Kriterium nicht vorhanden)	

Quelle: Eigene Darstellung

Diese Tabelle dient zur Veranschaulichung der Bewertung des Nahverkehrsplans anhand selektierter Kriterien und soll einen Überblick über die Qualität des Nahverkehrplans verschaffen.

6 Fazit

Allgemein kann abschließend zum Nahverkehrsplan gesagt werden, dass er ein sehr wichtiges Instrument für den ÖPNV ist. Er ermöglicht die vorausschauende Planung und Orientierung für die Besteller und Ersteller.

Die konkrete Betrachtung des Nahverkehrsplans am Beispiel der Stadt Chemnitz zeigt, dass dieser Nahverkehrsplan sich weitgehend an der Verordnung des Sächsischen Staatsministeriums für Wirtschaft und Arbeit orientiert. Die meisten Inhalte sind vorhanden und aussagekräftig dargestellt, wofür auch Grafiken und Karten zur genaueren Veranschaulichung eingesetzt wurden. Des Weiteren wurden die einzelnen Maßnahmen gezielt umgesetzt. Große Projekte waren dabei der Neubau der Zentralhaltestelle, die Verknüpfung von Altchemnitz und dem Chemnitzer Modell und die Errichtung einer zweigleisigen, behindertengerechten Haltestellenanlage am Bahnhofsvorplatz.[18]

Stark zu kritisieren ist allerdings, dass für die Kapitel „Allgemeine Rahmenbedingungen" und „Übergeordnete Planung" nur die Feinuntergliederung vorhanden ist, jedoch der Text dazu fehlt. Diese Gegebenheit fällt noch schwerer ins Gewicht, wenn man bedenkt, dass die Fortschreibung des Nahverkehrsplans von 1998 schon im Jahr 2005 statt fand, dieser demzufolge bereits seit knapp zwei Jahren Gültigkeit besitzt. Außerdem nahm die Thematik der Barrierefreiheit des ÖPNV eine viel zu unwichtige Position ein, obwohl dies ein essentielles Betrachtungskriterium für den ÖPNV sein sollte. Das Gesamtbild des Nahverkehrsplans, bei dem Hauptaugenmerk auf den Aufbau und die formelle Gestaltung, ist als durchschnittlich zu bewerten. Beim Lesen der 49 Seiten, gewann man schnell den Eindruck der Unstrukturiertheit und verlor den „roten Faden". Außerdem erscheinen einige Sachverhalte nur oberflächlich angeschnitten.

---

[18] Vgl. Stadt Chemnitz / BPV Consult GmbH (2005), S. 14.

Literaturverzeichnis

Stadt Chemnitz / BPV Consult GmbH (2005):

Nahverkehrsplan der Stadt Chemnitz, NVP II, Fortschreibung 2006 bis 2010

Verordnung des Sächsischen Staatsministeriums für Wirtschaft und Arbeit über die Aufstellung von Nahverkehrsplänen im ÖPNV (1997)

ÖPNVG des Freistaats Sachsen (1995)

Girnau, Günter (Hrsg.) (1995):

Die Umsetzung der Regionalisierung in der Praxis, in: Schriftenreihe der Deutschen Verkehrspolitischen Gesellschaft e.V.; Reihe B, B 181, Girnau, Günter, „Die Umsetzung der Regionalisierung in den Bundesländern", Karlsruhe, S. 1 – 19

Girnau, Günter (Hrsg.) (1994):

Die Anforderungen an einen regionalisierten ÖPNV, in: Schriftenreihe der Deutschen Verkehrspolitischen Gesellschaft e.V.; Reihe B, B 168, Meichsner, Erhard, Verkehrswissenschaftliches Seminar „Die Kreise als Aufgabenträger des regionalisierten ÖPNV", Karlsruhe, S. 65 – 74

Personenbeförderungsgesetz (1961)